어머니의 노래엔 도돌이표가 없다

김홍주 시집

이 시집을 이십팔년 동안 가슴 졸이며
신음하신 어머님께 올립니다.

들꽃시선 86

어머니의 노래엔 도돌이표가 없다

김홍주 시집

| 자서 |

오늘도 아내는 시어머니 항문 주머니를 열고 청소를 합니다. 햇딸기처럼 솟은 막창 끝머리가 배꼽 옆에 툭 삐져나와 인공항문으로 쓰고 있지요. 지칠 법도 한데 매일 똥주머니를 갈아주는 일은 참 쉬운 일이 아닙니다. 더구나 냄새도 어디 보통을 넘지요. 나는 아내 눈을 바로 보기가 참 힘듭니다.

어머니가 이렇게 완전히 자리에 누우신 지 벌써 칠 년이나 되었습니다. 이 병의 시작은 이십팔 년 전 80년 5월로 되돌아 갑니다. 서슬 퍼렇던 암흑 시절, 계엄군의 철저한 보안 상태에 있던 한남동 순천향병원, 그 병실 밖에서 어머니는 3 개월 동안 눈물로 지새우셨습니다. 독방 안에는 못난 아들이 무의식 상태에서 황소처럼 고함을 질렀다고도 하고, 침대에 묶인 줄을 끊기 위해 몸부림쳤다고도 했습니다. 대학 집회의 리더였던 저는 진압군에게 집중적으로 구타당해 두개골이 다 부서져 버렸고, 그래서 식물인간으로 석 달을 견뎠으니까요. 일주일에 단 5분 동안 주어지는 면회실 앞에서 아들을 기다리는 어머니의 심정을 어찌 했을까요. 저는 입이 열개라도 할 말이 없습니다.

그 후부터 어머니는 점점 기력을 잃어갔습니다. 말수가 적어졌고 눈물이 많아졌습니다. 주무시다가 검은 손길이 몰래

저를 잡아가는 꿈을 꾸고, 식은땀을 흘리기도 했습니다. 세월이 무서워 이웃도 멀어져가고 우리 집은 아무도 찾아오는 이 없는 적막강산이기도 했습니다.

그렇게 시간이 흘렀습니다. 시간이 소리없이 흐르는 것과 같이 내 삶도 참 견디기 힘든 일상이었습니다. 다행히 나는 조금씩 회복되었지만 어머니는 가슴이 더욱 타들어 갔습니다.

1999년 첫 시집 '시인의 바늘' 을 묶은 후에 다시는 80년의 회한을 글로 쓰고 싶지 않았습니다. 그러나 내겐 어머니가 계셨습니다. 그리고 똑같은 과정을 거치면서 먼저 돌아가신 아버지가 계셨습니다. 어머니는 지금 민달팽이처럼 조금씩 기어서 제 방 문을 두드립니다. "나 배고퍼" "며느리가 밥 안줬어".

이 땅에 제 어머니 말고도 수많은 어머니들이 자식 때문에 고통을 감수했을 것입니다. 제 글이 문학에는 미치지 못할지라도 이 글들을 버릴 수 없어 두 번째 시집을 묶습니다. 글을 묶는데 도움주신 존경하는 민영 선생님과 들꽃 대표 문창길 시인, 정현우 시인, 늘 옆에서 기도하는 사랑하는 아내 김경민께 진정으로 감사를 표합니다.

2007년 4월 춘천에서

저자　김홍주

어머니의 노래엔 도돌이표가 없다

차례

묶음 둘 : 흙집

묶음 셋 : 겨울 새벽

묶음 넷 : 갠지스 강

묶음 하나

그대의 주머니

그대의 주머니

주름바지에 손 넣어
주머니를 뒤지자
벽에 매달린 당신의 인생이
흔들리기 시작한다

속 깊은 주머니에 매달려
발 끝 세워
반평생 당신을 훔쳐내고

못 하나에
달려있는 당신의 삶

아들은 오늘도 주머니를 뒤진다

비어있는 당신.

고요가 방안에 차오를 때
문득 내 발 앞으로 떨어지는

주름꽃

어머니.

그대의 그림자

도시 그림자에 묻혀
한 점으로
문 앞에 서 있었지

아들이 돌아와 문 열어주길 기다리며
그 앞에 오랫동안
숨죽이며 있었지

별빛도 지친 듯
무너진 절망을 하나씩 걸어놓고
떠밀려 떠밀려 온 외길

아직도
막다른 집 앞
밤새 문고리를 바라보며
그리움 삭히고 서 있겠지

그대의 목선

당신의 갈색 망막 속은
깊은 호수
일렁이는 파도

그 물결 앞에서
한마디 말도 하지 못했습니다

점차 노을 물들어
밤이 차오르고

다시 볼 수 없는 아침

당신 아들은
아직 눈 못 뜬,
날개조차 펼 수 없는 모습으로
떨고 있을 뿐

강변에 묶인 낡은 목선에

흑두루미 홀로 앉아
먼 산을 살피고

당신의 사슬을
풀 수 있다면
지는 해를 움킬 수 있다면

이토록 아득한 절망의 나락들이여

그대의 정원

담장 너머로 능소화 물들어갑니다

그물처럼 흩어진 낙엽 언저리에
꺼지게 붉은 얼굴
타올라갑니다

손등 차가운 그대
이불로 덮어놓고
문지방 넘고 긴 마루 지나
정원을 바라봅니다

전봇대를 타고 오르던 능소화도
숨 헐떡이고
그대 허리만큼 휘어
아들 이름을 부릅니다

꽃가루를 입에 문 나비는
앉지 않고 날아갑니다

곁눈질로 보았습니다
꽃잎마다 원망의 그늘이 자라왔음을
지우지 못한 미움의 싹이
담장 가득 고개 들고 있었음을

그대의 아들

태양이 정수리를 내리쬐는
정오

시내버스 정류장에
오래도록 서 있었습니다

그대는 장애자 이급
아들은 오급

그대는 누워 있어야 하고
아들은 오래도록 볼 수 없지요

장애인 등록증을 받아
가슴에 품고
이것이 돈이 되는 것이라고
눈물을 흘리던 그대여

오월의 악몽은

그대 가슴에 한으로 남아
조금씩 굳어지더니
서서히 움직이지 못하고

몇 대의 버스를 보내고
다시 기다리는 그대
이미 막차가 지났음을 알고 있는
운명의 그대여

그대의 거울

내 눈동자 속에는
후진後津 바닷가 물결 넘실거리고
하얀 억새 헤치는 그대 모습이
보인다고 말했지요

죽서루 기둥에 기대어 오십천을 바라보는
긴 머릿결은
정라진에서 불어오는 바람에 흩날리고

옥수수 잎 사이로 강릉으로 가는 증기기관차
지금은 오후 2시

그대는 아편쟁이처럼
아들만 보고 살았다지요

길 떠난 아버지는 마른 맨드라미처럼
흙바람벽에 자주색 바람으로 드나들고
저문 산 그림자

가슴에 드리운 날

당신의 거울에는
흰 눈이 날리고 있었다지요

그대 쓰러지는 한낮

목을 묶은 줄 댕기며
빙빙 원을 그렸다가 지우고
그렸다가 그 안에서 함몰하는
염소의 일상

그대는 천장을 바라보며
자지러질 듯 울부짖는 염소가
보인다고 했다

병실 침대에 붙어버린
그 너머의 기억

그대는 삶의 끈을 부여잡고
이불 속으로 스며들었다

한낮의 빛이 어둔 방 벽에 머물다가
순간 스치어가고

아들이 다녀간 뒤
문고리에 서걱이는
젊은 날의 회상

누구 문이라도 좀 열어주오

사월, 백목련 쓰러지는 한낮
꽃비가 앞마당에 내리고 있다

그대의 항문

오디빛 그림자가 병상 주변에
일그러지는 오후

어머니의 항문에 손가락을 찔러 넣어
고통의 시간을 끄집어냅니다

일흔 네 해 동안 배설하지 못한
회한의 덩어리들이 하나 둘씩 떨어져
별이 됩니다

오랫동안 배설하지 못한
오월의 복통은
쓰리고 아픈 응어리로
막장 끝에 찰싹 달라붙어
피를 뚝뚝 흘리고 있었습니다

손가락이 닿지 못하는 저 어둠의 끝에는
당신의 삶의 원형들이 그대로 간직된 채

낙조의 물결 일고

어머니는 아들 앞에서
항문으로 그대의 삶을 이야기하고 있었습니다

그대의 숟가락

서러울 때마다
새끼줄에 재를 묻혀
밤새 닦던 그대의 숟가락

오늘은 하현달로 떠서
밥상 위에 어른거리고

아들은
손 닿지 않는 나뭇가지 위에
부러질 듯
끊어질 듯 매달려 있다

밥상 위에서
아들을 바라보고 있는
그대의 숟가락 위로
흙빛 그림자가 울고 있다

그대의 알

아들은
그대의 심장에서 항해하는 돛배

심하게 파도치는 바다 위에서
좌초하고 있습니다

당신을 부여잡고
온몸의 떨림을 막아보려 애써도
무력하게 떨고 있을뿐,

당신의 알은
아직 부화하지 못했습니다

아무것도 보이지 않는 어둠의 끝에서
부러지는 돛대를 부여안고
흐느끼고 있습니다

아들은 아직도

날개를 달지 못했습니다

어머니의 물고기

고향이 그리울 때마다
어머니는 한 마리 연어가 되어
유년의 동무들과
헤엄치고 있다

어머니는
들꽃 가슴 가득 꺾어
강물 위로 띄우고
몸에 돋아나는 비늘을
벗기고 있었다

지금도 오십천에는
물 속에서 동무들이
꽃을 흔들고 있다

꽃이 피어나고 있다

두붓집 가던 길

물먹은 이른 새벽
자루 달린 종 짤랑이는
두부공장 양철지붕 끝에
우리집이 붙어 있었다

어머니는 허기를 달래가며
순두부 한 바가지를 위해
밤새도록 콩을 갈았다

아들이 잠든 후,
콩물에 퉁퉁 불은 손으로 돌아와
아침상을 차릴 때
햇살은 부서진 창턱에 걸터앉았다가
밥상 위로 내리깔렸다

식구들은 멀겋게 배어나온 순두부 국물에
침묵으로 간을 맞추고

밤새 피대 돌리며 지척이던
당신은
새벽 열차의 굉음 속으로
스며들었다

근화洞 느티나무

비 내린 후
뿌리채 뽑혀나간 웅덩이에 흙물 고이고
아들은 무상한 시간 속의
서른여섯 살의 여자를 회상한다

하수구에 거꾸로 처박힌
허기진 어린 느티나무를
담장 옆에 심었을 때
여자는 노년의 하늘을 예견했을까

동네 담이 헐리고
느티나무를 뽑아갔을 때
무릎으로 기어 나와
흐드러지게 호곡하며
끌려가는 느티나무를 바라보는
여자의 시선

서른여섯 살의 가을 하늘에

느티나무를 심을 수 있다면

나무 밑에 숨어
비늘처럼 벗겨지는 가슴으로
홍갈색 미소를 날릴 수만 있다면

지붕 가득 덮어오는 황홀한 그늘로
촉촉하게 젖을 수 있다면

무게에 대하여

부끄러운 일이다

그대 약한 허리에 매달려
지천명의 세월을 살면서도
굽은 등 바라보며
깨달음 없이 산다는 것

태산인 줄 믿으며
말라버린 젖가슴 물고
핏물 나올 때까지
영혼마저 빨아먹으며
다시 등에 기어올랐던

가시나무새가 운다

아,
어머니

목이 긴 나무

방에 불을 지핍니다

빈 방 언저리, 혹시
모서리에 서리라도 내릴까
마루에 허옇게 냉기라도 앉을까
아궁이 깊숙이 장작을 밀어 넣습니다

목이 긴 나무 꼭대기
몇 개 남은 홍시
더욱 붉어 떨어질듯 하여
이내 고개를 돌리고

댓돌 위에 놓인 어머니 흰 고무신의
발끝을 맞춥니다

빈 방에 가지런히 벗어놓은 당신의 껍질들
그 알맹이는 단풍처럼 붉게 물들어
겨울을 준비하고

속절없는 고요만 빈 방에 가득합니다

다시 문 열고 들어와
아들 이름 부를 날 있겠지요
목이 긴 나무 위
홍시를 바라볼 수 있겠지요

그럼에도 불구하고

성에 낀 창밖으로 마른 나뭇잎
뚝 떨어지는 병실 창문

엑스레이에 비친
갈비뼈와 심장 사이에
인생의 무게만큼 달려 있는
당신의 오장육부

당신의 병상에서
몸 안을 유영하고 나온 배설물은
차라리 거룩하다

당신 척추에 매달려 있는
가족들의 얼굴
한 움큼씩 감자처럼 달린
고름덩이들이 희게 비쳐지고

기도를 끝내고 바라보는

목쉰 창가

그럼에도 불구하고
따스하다 따스하다

집으로 가는 길

늙은 어미는 나를 기다리고 있을 게다

느티나무 어둠 밑에서
시간은 흔적만 남긴 채 사라지고
하루의 우울은 낡은 기와로 스며들어
기운 대문 사이로 불빛 새어 나온다

어미는 아들 방문을 열고
꽃병에 해바라기를 꽂아 놓았을 게다

시든 꽃을 안고
숨 몰아쉬며
눈물 흘렸을 게다

힘없이 떨고 있는 양손 어깨에
황색 가로등이 무게를 다하지 못해
발등 위에 미끄러졌을 게다

느티나무의 어둠 위로
빨간 불빛 꿈벅이는 동네
미군 헬기 날고
밤새 지붕 위로 써치라이트가 지나가는 집

어미는 아들의 부러진 긴 그림자를
밟고 서 있을 게다

묶음 둘

흙집

흙집 · 1

마당에 씨를 뿌리는 일은
내 몸을 심는 일이다

매일 물을 주며 바라보는 일상은
내 속에 아직 희망이 있다는 말이다

기다리고 기다리다
작은 싹이 살포시 흙을 뚫고 나오는 것은

훗날 그대의 눈빛에 가득한
별빛을 바라보는 일이다

흙집 · 2

내가 숨 쉬면
너도 함께 숨 쉬고

내가 바라보는 동안
황갈색 얼굴로 고개 숙이는
내 마음의 집

주춧돌을 깔고
기둥을 세우고
진흙을 발라 옷 입히는 일

지붕 위 나를 바라보는
가족의 눈물에 나는 함몰하여
이내 하늘을 오래도록 우러른다

너와를 입혀야지
그대 가슴에 불을 지펴야지

흙집 · 3

지붕 위 조롱박 달려있는 흙집에는
늘 창문에 그림자 비치고 있지
희미한 방안에 외로운 빛 켜켜이 쌓여
누군가 문 열어주기를 기다리듯
들국 한 송이 가슴에 담고 있지

겨울바람에 문풍지 흔들리고
산중 벌판 그리운 숨결 골짜기 배회할 때
아들 닮은 기침 소리에 놀라
화들짝 부서지는 심장소리

찬바람은 폐부로 스며들어
한으로 쌓여가고
흙집 벽에 남아있는 투박한 손금 사이로
시간은 캄캄한 선 하나
또 그리고 있지

흙집 · 4

스스로 허물어져 땅으로 회귀하고
남김없이 그대로 스며드는
눈물같은 집

폭설로 산야가 하얗게 누웠을 때
허허로이 앞산 바라보며
풀잎처럼 썩는 것에 마음 주는
관조의 미소

간혹 내게 말을 걸고
눈부시게 속살거리는 질투

아궁이에 벌겋게 군불을 때면
창 밖은 하얗게 눈발 흩날리는데
구들장보다 더 뜨거워지는
아름다움의 통증

흙집은 잠든 척

눈 쌓이는 밤

흙집 · 5

송진꽃 핀 사랑채
적송 향기 그윽하다

붉은 황토로 빚은
내 생명을 담은 그릇

나는 방 안에서
녹차 잎으로 우러나고 싶다

한 세월 무너져도
버릴 것 없이 자연으로 돌아가고
생명만 거두어 가는
아버지의 집

이어도가 보인다

그리움 치밀어 오르면
파도 울음에 파묻혀
끝까지 울다가
마음에 커다란 섬 하나를 그린다

아버지의 유품을 정리하다
입던 옷에 풀 입혀 놓고
울음이 그리움으로
그리움이 원망과 흐느낌으로
방 안 가득 맴도는 오후

이지러지는 햇살에
선기침 소리가
파도 소리에 감기고 있다

저승길은 오늘밤에도
문풍지 자락 장단에 나풀거리고
신던 버선을 못 박아둔들

이어도에 갈 수 있을까

살섭에 말라버린 공허함이
갯바위 빈 조개껍데기 속에서
아린 소리로 목메이고
갈매기 소리 아득한
그 섬에 갈 수 있을까

귀가

석양의 노을 바라보며
오랜만에 집으로 간다

등 뒤를 비치는 햇살이
어둠을 뿜어대는
두충나무 이파리 톱니 위에 머물다가
대문 틈새를 비집고 들어온다

잠시 방 안이 훤해졌다가
다시 이어지는 어두움

어둠은 이불조차 친근한 듯
석양의 빛이 튕겨나간다

온 몸에 연결된 생명줄이
나를 보자 고개를 든다

오늘 밤만이라도 되살아나

다시 꿈길 위에서
미친 듯이 정사를 벌이고 싶었을 것을

떠날 채비를 마친 듯
방안의 고요가 묵묵히 가라앉고
성기에 꽂아 놓은 투명한 관 사이로
뿌리의 진액이 새어나가고 있다

당신의 온몸에서
아들이 빠져나가고 있다

달력 위의 아버지

아버지가 달력 위를 성큼 걸어가고 있다
발걸음 소리에 숫자들이 하나씩 떨어지고
그림 속의 새가 날아간다

파킨슨씨 투병으로 움직일 수 없는,
욕창의 모습에 시간은 멈춘 듯
달력 위의 숫자들은 기둥 대못에 박혀
생명을 잃었다
넘길 수 없는 달력.

눈 뜨면 어둡고
감으면 팔십 인생을 보듯
나무 가지 위에 흰 눈 날린다

창 밖 아래 동네 집들이 모두 섬 같다
그 집 지붕 위에 숫자들이 하나씩 쏟아지고
환한 방안이 보인다

대문을 걸어야겠다는 생각을 한다

이럴 때 별이 보였으면 참 좋겠다

아비 심정

장맛비가 밤새 쏟아지는 밤
양은 대야에 물이 차오르고
천정 위에서 슬픔이 떨어진다

잠결에 세 딸년은 소망의 별을 그린다
별마다 수많은 이야기가
오가는 비 오는 밤

딸아이가 별에게 묻는 소리 들린다

비 오는 밤에는
아비 가슴에 별 가득하다

초경

봉숭아 꽃잎에 눈 마주칠 수 없어
고개 숙이는 늦은 저녁
바지랑대를 살며시 거둬들이는
딸 아이.

내 마음이 조심스럽다

댓돌 위 신발 끝을 맞추는가 하더니
돌연히 벽에 기대어 눈물을 훔치고
들녘 수수밭 사이로 내달음치는
나의 어린나무.

너는 새끼손가락 꽃물 초승달을 보고 있으나
내 마음 큰 구멍 울리는
세찬 바람소리

나는 앞산 검은 능선을 바라보며
헛기침을 한다

아내는 울고 있다

어판장을 지나며

한쪽 방향으로 누워
한 곳만 바라보는 고기들을 보다가
고개를 돌렸더니
내 동무들이 누워 있네

늦은 귀가 길 어판장에서
팔다 남은 인생들이
뚫어지게 쳐다보는 그 눈길 끝에
무덤처럼 낮은 우리집이 있네

누워 있는 아이들 옆으로
나도 누웠다네
문틈으로 겨울바람이 세차게 밀려와
우리 가족은 사각 상자 속에 갇혀버렸네

나는 용서라는 단어를 생각하다가
그물에 걸려 허둥대는 꿈을 꾸었네

딸을 위한 변주곡

나팔꽃보다 선명한
보랏빛 얼굴

집 앞으로 날아와 꽃피어
내가 골목길 사라질 때까지
목울대 세워 바라보는 잔잔한 눈길

아픈 이별을 변주할
삶의 미로 앞에서 천진난만하게
가슴 파고드는 내 존재의 사유

지금 문 두드리지 말라
나는 지금 악보 위에
도돌이표를 그리고
나팔꽃의 노래를 듣고 있으니

다시, 딸에게

체중 일점 사 킬로그램의 갓난아이가
사십 킬로그램이 되는 동안
내 나라 민주주의도
참 많이 자랐지

미숙아로 태어난 내 딸이
처음 뒤뚱이며 걷기 시작할 때
국제통화기금 사태로 온 나라가 흔들렸고

초등학교에 입학하여
겨우 한글을 더듬거릴 때
백성들은 긴 한숨을 내쉬곤 하였지

난 모르는 일이야
난 모르는 일이야

회한의 팔십년 오월
검은 혹기사 복장을 하고

머리부터 발끝까지 그렇게 죽어라 때리던
그 사람들
아빠의 두개골을 부수고 고문하던 그 사람도
지금 아이를 키울까?

딸아이가 사회 시험 문제를 풀고 있는 동안
아빠에게 묻지 말아라

난 모르는 일이야
난 모르는 일이야

아내는 책상이다

잊었던 책이 꽂혀 있는
책상에서
다시 서랍을 열면
연서 가득 담긴
서정 어른거리고

버릴 수 없는 옛 흔적들이
내게 푸른 편지를 쓰고 있다

책상을 닦고 앉으면
처음, 그대를 만난듯
내 마음도 맑아져
자꾸 기대고 싶은

'껍데기' 라는 말

진정의 힘이다
오직 진실이다

시인의 아내가
결혼 이십년 후의 첫마디,

'당신은 껍데기입니다'

첫 고백,
첫 느낌,

아
첫 사랑의 회복이다

자반 고등어

시장바닥 좌판에서
아무도 눈길 주지 않는 모퉁이로 밀려난
비린내 배인 자리

잘려진 머리들과 얼굴 맞대고
남겨진 세상과의 조우에서
고등어 눈에 눈물 스칠 때
내 손은 고등어를 들척이며 흥정하는
아내의 손길을 흉내내고 있었다

버려지기 하루 전
우리들의 저녁 밥상을 화려하게 수놓을
절인 고등어

앙상하게 발려진 가시를 보면
낮은 부엌문을 열며 막 들어설 것 같은
검뎅이가 잔뜩 묻은 아내의 손

비린내 풍겨오는 때묻은 치마 위에 엎드려
세월을 도려내고 싶다.

묶음 셋

겨울 새벽

겨울 새벽

서릿발 눈부신 대지 위에
무력으로 계절을 장악한 혁명군

겨울 새벽에 읽은 詩 속에는
눈물조차 얼어버렸다

속이 들여다보이는 얼어붙은 냇가에
딱지처럼 굳어있는 올해의 흔적들

부유하다 굳어버린 오욕의 나날들이
내 눈을 따라 검은 활자로 찍혀오고
발걸음을 옮길 때
부서지는 삶의 흔적들은
책장을 넘길 때마다
가슴을 후벼팠다

스산하게 가라앉은 雪山에도
이 겨울에 쓰러지는 나무 있으리라

아버지의 초가집 아궁이에
불씨 남아있을까

다시 읽어가는 이 겨울의 詩 속에
회복의 싯귀를 더듬으며
아버지가 걸어온 위기의 그늘에
따뜻한 온기 전할 수 있을까

내가 읽는 이 시집 속으로 들어가
따듯한 바람 피울 수 있을까

인적 사항

지금은 오후 3시
아직도 태양은 하늘 가운데 떠 있어
문 닫기는 이르지

청년 때 머리띠 두르고
북 치며 서울역 광장에서 함성을 질렀고
오월 봄날 교정에서 풀잎처럼 쓰러져
식물인간으로 견디었지

삶은 마른풀 같아 이슬처럼 사라지듯
생채기 깊지만
꽃보다 가녀린 삶의 질곡에서
결국 시각장애인으로 남아있지

늘 타인의 손에 이끌려 집으로 가고
또한 길을 잃고
울기도 하지

유년에 바라본 달빛 가운데
아직도 남아있는 붉은 핏발 성성한
두려움의 기억

나는 지금 그 절망을
즐기며 살지

그리움의 절정

기쁨이 빗물 되어
가슴 속에 맺힌 한
서러움으로 울부짖노라

저녁 노을은
산마다 시린 진달래로 피어나고

하늘을 향해 포효하는 젊음의 기상은
마침내 절정에 이르렀노라

누가 꿈이라 했고
누가 전설이라 불렀던가

보라, 이 날은 한국인의 이름으로 선포하나니
모든 우주여 이 땅 향하여
그 이름을 송축하라
그리고 거룩한 함성으로
제국의 틀을 벗어버리자

우리는 보았노라
밤하늘 가득 이 땅 머리 위에
수많은 별빛들이
바라보고 있음을
두려움 속에서 움트고 있음을

철원 들녘에서

새들이 촘촘히 날아가는 모습을
바라보는 일이 고통스럽다
너른 벌판에서
화살촉 모양으로 줄 맞춰 날아가는
저 모습은,

옛 궁예터 옆을 휘돌아
그 너머로 사라지는 재두루미 군무는
지는 해에 박혀 있다가
갑자기 비상하더니
심장을 향하여 달려든다

내 속에 바람이 인다

슬픔과 굴욕의 가장자리에
서 있는 나

들녘에서 새들은 분주히 교미를 하고

또 떠날 준비를 하는데
녹슨 기차바퀴가 무슨 말을 하려는지
휑한 소음을 낸다

털 빠진 내 날개가 근질거린다

비무장지대

창에 비친 사진 속으로
휘어진 반도의 등뼈가 보인다

골짜기마다 사연 담은 채
숫닭 붉은 볏처럼 살아 움직이는 단풍들이
철조망에 걸려 헐떡인다

아침 이슬에 젖어
울음 가득 채운 피빛 선연한
그리움의 율동

수많은 가슴들이 하나 둘 모여
응어리를 만들고
터질 듯한 혈관으로
흘러내린다

아름다움이라 부르지 말라
석양에 물들어

선홍빛으로 산화하는
웅장한 한의 울림

삶의 절정에 잠시 나타나
신명 다해 혼신으로 울부짖는
남침하는 단풍

내일을 위하여

백목련 떨어지던 날 아침

산 넘어 오는 이 있다
강 건너 가는 이 있다

바람에 억새 흰 갈기 세우며
머리 풀어 들녘 덮쳐도
은빛으로 부서지는 숲 뚫고
슬프도록 아름다운 늪 지나
길 내는 이 있다

한꺼번에 쓰러졌다가
힘차게 솟아오르고
다시 하늘 우러르는
저토록 거대한 혼의 울림

백목련의 잔해 위를
떨림의 가슴으로 더듬으며

가지마다 돋아나는 부활을 향하여
오랫동안 바라보는 이가 있다

다시 길 떠날 채비를 하고
내일을 위하여
그러므로 내일을 위하여
길 내는 이가 있다

우주는 그들을 위하여
침묵을 시작하고

백목련 한 송이 뚝 떨어진다

새벽 무릎

겨울 눈 내리는 새벽에
내가 뱉은 언어를 위하여
기도를 드립니다

간밤에 보았던 건넛집 불빛도
눈 속으로 스며들어
내 감정도 얼어버렸습니다

설해목 부러지는 소리가
침묵을 깹니다.

눈길을 걸어
그 집에 가야 합니다

내 날선 언어의 부리가
그대 폐부에 못으로 박힌 듯 합니다

내리는 눈은 온몸으로 말을 하는데

쌓인 눈의 무게는 내가 져야 하는
언어의 죄값입니다.

말 속에 숨어있는 허상이
눈물을 흘립니다

붉은 꽃 피도록
새벽 무릎으로 기도합니다

빈 집에 사는 사람

고개 아래 낮은 집
풀어헤친 모발처럼 두려워
문지방에 걸터앉자
집이 흔들린다

한때, 이 마루에서 화롯불 지피고
사랑채까지 가득하던 식솔들

흙 바람벽 갈라진 틈이
내 손금과 닮았다

깨진 사기그릇이 울고 있다

문을 잠그면서
이 지붕 밑에 살던 사람들의 이름을
오래된 항아리에 채우고

내 아이에게

빈 집에는 아직 많은 사람들이 살고 있다는
이야기를 전하고 있다

산삼 캐던 날

해 뜨는 동쪽
산허리가 밝아지고
내 눈에 가득 차는
반란의 다섯 이파리

아들의 심정,
하늘도 알았을까

나도 울었고
산도 울었고
온 땅이 울고 있었다

아우

기차를 타고 왔다는 아우의 이야기에는
밤새도록 이어지는 두 길이 있었고
공장 철문을 닫았다는 말을 하며
땀에 찌든 손을 차례로
우두둑 꺾는다

얼굴을 가리고 서있는 가로등 밑으로
집 떠난 이십 년의 삶이 발광한다

선지빛으로 굳어버린 부유물이
발밑에 차일 때,
지친 아우는 때늦은 고봉밥을 먹는다

붉은 낙관 찍힌 낡은 액자가
한쪽으로 확 쏠린다.

돌담 위로 밤고양이 한 마리 서성이고
아우는 쇠붙이에 긁힌 손등 상처를 바라보며

창밖을 본다

사래 긴 밭 고춧대가 자꾸 쓰러진다

첨성대 창, 별 떨어지다

계림을 걸으며
대릉원 쪽에서 들려오는 사람의 소리

첨성대 삼백 육십 두 개의 돌과
네 개의 긴 사각의 침묵

무엇인가 무언의 눈빛으로
나를 향해 던져오는
신라인의 물음

천기를 읽고 그 후 천오백년
여왕은 알고 있었을까

새벽에 집 떠나며 들었던
먼 이국의 전쟁 소식과
밤하늘 가득 떨어지던 수천의 별빛

첨성대 그 창에도 별 떨어질까

이국의 전쟁터에서 피 흘릴 청년의 가슴에
뉘 붉은 한 녹아있을까.

다시 살아나는 골품의 부활에
천년, 그 젊은 신라 청년의 가슴에
별 떨어질까

옥수수 종자를 바라보며

바람에 일렁이는 푸른 숲
한 떼의 병사들이 위장을 하고
내 명령을 기다리고 있다

소가 간다

코뚜레 묶여있는 긴 줄을 끌고
소가 간다
항아리에 비친 소가
유약이 떨어져 나간 흠집에서
사라졌다가
굴뚝새가 날아갔다 오는 사이
소가 집을 이고 간다

항아리 위에서
닭장이 찌그러지고
개집도 논두렁 옆으로 밀려났다

바람이 앞산 자락에서 휘어질 때
소는 물목 길 앞에 다다르고
얕은 개울을 건너면서
뒤돌아보며 사래질하는 저녁.

방울소리 찔렁이는 계곡으로

집이 소를 이고 간다

심마니 친구

산 속에 섬이 있다는
친구

마음을 비워야 신이 보인다는 말에
야릇한 물결이 인다

눈 뜨면 볼 수 없고
눈감으면 확연히 보인다는

지금껏 자신이 신을 찾지 못했다고
다만 신이 사람을 찾았다는
친구

신이 산을 머리에 이고 있구나

녹색 가게

외로움을 묶어 파는 집
슬픈 옷을 사면서도
따듯한 마음 두고 가는 집

낮은 처마보다 더 낮은 입구에
두 송이 해바라기가 자라고
서로 얼굴 비비며 손님을 맞이하는 집

아름다울수록 낡은 옷을 입고
햇빛에 반사되는 그리움 따라가는
외딴집

양미리

주문진에서 사온 양미리가
내 창자에 쌓이고 있는 동안

바다 속 다른 고기떼가
이리저리 피하고 있다

바다는 피 흘리고
내 속의 심장
숨막히고 있다

바람이 빠지고 있다

그대 뒷모습

아름다움의 끝에는 세상을 여는
자물통이 달려 있네
빗살무늬 바지에 비친
영혼의 미소

가난의 그림자 배어있는
무늬 요란한 무릎 툭 불거진 나일론 바지,
터진 실타래가 햇살에 나부끼네

빨랫줄 위에서도 먼저 마르고
하늬바람에도 쉬 흔들리는
그대 인생의 그림자가
바지랑대에 매달렸네

눈부시게 환한 가을 하늘에
노랫소리라도 들릴 듯

내가 사랑한 것은

그대의 고통이었네
나부끼는 슬픔이었네.

고물상

눈물 머금은
찌그러진 양은 냄비처럼
소유의 배설물이 잠자는 집

누군가의 손길에서 멀어져
지워지고 잊혀진 기억이 숨쉬는 집

머리 잘리고 손발 떨어져 나간 인형들이
편안하게 누워 천국을 꿈꾸는 집

멈춘 시계들은 화려했던 시간들을 이야기하고
다시 태엽을 감아도
더 이상 시간이 필요 없는

한때 뜨거웠던 추억을 간직한
사랑의 집

돌팔매

낮은 음계로 물결 위를 서성거렸던
그리움의 유년

아침이 오면 게으른 나는
미처 따라잡지 못하는 너를 향해
돌팔매를 던졌다

늙은 나무 뒤를 따르던
늘어진 시간

내가 다시 돌팔매를 던질 때에도
너는 어른거리는 숨결로 내 입술에
가냘픈 미소를 흘렸다

나는,
내 몸 안에서 얄팍한 돌을 찾아
더 멀리 던지고 싶었다

훗날, 강바닥을 헤매다가 발견한
어릴 적 눈에 익은 그 돌

내가 던진 그 돌은
밤하늘에 긴 포물선을 그리며 날아오르다가
내 괴로움이 꽃이 되고
꽃이 그리워 아무것도 아닌 것이었을 때

내 몸 안으로 날아들었다

묶음 넷

갠지스 강

소가 인도를 먹다

모든 사물이 숨가쁘게 밀려오는
도로에서
되새김질을 하는 소 몇 마리

아이들 얼굴에 가득한 파리떼는
소에게 날아가
삶의 어두움을 핥아먹는다

육교 아래에 이불을 펴는
성자
소 등에 기대어
침실을 만드는
그네들의, 우리들의 아버지

내게 남아있던 한 줄기 애증이
사라질 것 같은 오후

나도 되새김질을 시작한다

나도 자리를 편다.

갠지스강 유채꽃

안개 걷히자
수의들이 강변에 아련하다

인생에서 차려입은 마지막 의상

바람은 용서 없이
기억의 실타래 한 올까지
사무치게 흩날린다

천들은 거센 바람에 날려
강변 옆 유채꽃밭에서 춤을 추고
서로 엉키어
삶의 축배를 마신다

마지막 사진을 찍는 이방인에게
유채꽃밭에서
그래도 삶은 아름다웠다고
노란 미소를 보낸다

빵강콤파에서 나를 만나다

히말라야 중턱 반 평 남짓한 토굴
롭상첸펠이라는 동갑내기 라마승은
토굴 안에서 미소 지으며
이제 오느냐고 했다

천 길 낭떠러지
빠르바트 계곡을 가까스로 비켜
쏟아져 내리는 만년설 계곡 물을 건너
처음 사두를 만났을 때
내 심장은 요동하고 있었다
미로의 여행길에서 만난 라마승
그는 나를 오십 년 동안 기다렸다고 했다

반 평 공간에서 세상을 읽는 듯
내 눈 속을 훔치듯 낚아채며
어둠 끝,
내 속을 들여다보는

그리고 뒤돌아선 등 뒤로
한 억겁 뒤에 만나자고 했다

히말라야 빵강콤파에는
미래의 내가
살고 있다

갠지스강, 막배

빈톨리 마을로 가는 막배에 앉아
북쪽으로 흐르는 강물을 살핀다
세월보다 더 남루한 사공의 행색은
무채색 물빛에 묻혀
허적이는 바람결만 맴돌고

이마에 칠한 선명한 핏자욱

자욱한 강안개 넘어
혹여 피안의 세계라는

누군가 이 강을 건너며
아버지의 삶을 노래할 수 있었던가

이토록 거대한 물줄기에
빈톨리 부족들의 흰 눈동자에 뿌려진
피의 역사

가난과 궁핍
눈물 서러움을 흘려보내며
깊은 눈동자에 젖어드는 어두움

삐걱이며 흘러가는 시간의 여정 속으로
막배는 저어지고
나는 돌아올 수 없는 긴 강을
건너고 있다

갠지스강을 거닐며

해가 진다
는 생각을 하면서도
해는 좀처럼 가라앉지 않는다

초등학교 사회 시간에 배운
얕은 지식의 한계를 뛰어넘지 못하는
여행자의 시선

무엇을 바라보아야 되는 것일까

영혼의 강가에서
내가 만나고 있는 물 위에 떠다니는
젊은 여인의 시신

그리고 바람결에 스치듯 솟구치는
욕정의 그림자

그리고 강물에 밀려와

내 발 앞에 흔들리며
말을 건네는 인골의 파편들

머리 위에서 까마귀가 길게 울 때
그 물로 세례를 받는 순례자 미간의
붉은 반점이 처절하도록 생경하다

지는 해는 더욱 붉게 빛나고
돌아서는 이방인 등 뒤로
검은 연기가 길게 피어오른다

방글라 방글라여

여기는 방글라데시
수도 다카 근교 웃또르 몰라텍 지역
열살배기 계집아이가 아이를 낳아
갓난아이를 업고 기르는
숨막히는 땅.

발목 잘린 아버지
한쪽 팔 없는 어머니
그리고 허기진 가족들

이국의 전쟁터에 팔려나가
영혼이 멍울진
어두움의 그늘에서
태양은 공동묘지 위를
하얗게 변색시키고 있었네

쌀 배급을 기다리는 긴 행렬 앞에서
나는 보았네

어미가 아들을 위하여
쌀을 치마로 감싸안고
내 눈을 바라보는 그 망막 속에
내 어머니가 날 바라보고 있음을

나는 보았네
내 아이가 그 줄 가운데서
헤진 가슴으로 서 있음을.

원시림

오래된 길 위로
새 날고 나무 한 그루 음산한 바람에 비껴
산허리에 기대고 싶었다
거대하게 물결치는 원시림에서
억만년 동안 물결치는 심장의 울림

그 숲 위로 날고 싶었다
쓰러져 울고 싶었다
숲이 새가 되고
새를 바라보며
나무 숲 그대 그리며
노을에 물든 강을 떠올렸다

물 속에 나무 살아 있고
숲 우거져
새 걸어간다

숲이 고개 숙이고

꼬리 들어 길을 바라볼 때
무너지는 오래된 숲 하나.

너를 보낸 후

세찬 바람에 눈물 훔치다
입동, 그 따스함의 미학이여
움직이는 사물이 고정된 너에게 침잠하던 날
한 아름의 나뭇더미와
한 움큼의 이파리,
그 모든 흔적들이 자리를 털고
집으로 돌아갔다

너를 보낸 후
잠시 오래된 어둠의 그늘에서 머뭇거렸으나
빗자루를 들고 침묵의 주검 앞에서
오래된 기억들을 하나씩 쓸어 담았다

아직은 따스하다
네가 남겨둔 그리움의 흔적들.
한여름 네 그늘에서 행복하였고
가을날 네 떨림에서 숨결을 노래했다

입동,

이토록 따스한 세월의 자유로움이여.

거문도 등대길

숲은 오랫동안 바다를 향해 쓰러져 있었다

섬을 붉게 물들였다가
하나 둘 낙화한 그 숲길에는
태고의 고요만이 바다를 향해
속살을 내보이고 있었다

바다는
등대지기가 잠든 사이
무인판매대에서
커피를 마시고
거스름돈을 두고 갔다

동백나무 잎 위에 생기가 오르고
통통하게 살오른 그 잎으로
사람들은 얼굴을 비볐다

등대는 세상의 모든 삶을

환히 비추었다가
순식간에 파도에게 맡겨버렸다

백도白島에서 불어오는 해풍에
억만년의 세월이 묻어오고
사람들은 낙화한 숲길 사이로 들어갔다

갑자기 언덕 위 흰 등대가 사라졌다

비자림에서

나이 일천이백칠십년 비자나무 아래에서
작은 울음조차 터트리지 못했다

회갈색 가지 끝에서 파르르 떨다가
내 가슴 위로 떨어져
전심으로 나를 위로하는
비자나무 이파리

나무 위로 올라가 양팔을 벌려
가지가 되고 싶었다

꽃을 피워 이 숲을 덮고 싶었다

팔백삼십년 나이에
부끄러워 작은 잎 흔드는
어린 비자나무

한라산을 우러르다 끝없는 침묵으로

되돌아서 바다를 바라보는 나는

순간 나타났다 사라지는 안개
흙이 되기에도 부끄러운 미물.

다시 마라도에서

가파도 옆을 지나
아슴아슴 보이는 언덕에
흰 십자가 보이는
섬

배가 다가갈 때마다
갈매기들이 하얗게 똥을 싸고
소금가루에 절은 그 십자가에
부리를 몇번 부딪고는
떼지어 날아간다

모진 해풍에 모가지 부러져
철사로 얽어 놓은
갈매기 기다리는
마라도의 흰 십자가

모슬포에서 불어오는 거친 파도 앞에서도
섬의 파수꾼이 되어

돛을 세우고

해안 절벽에 움푹 패인
역사의 상흔마저도
더욱 또렷하게 펄럭이는

사람은 떠나가도
오랫동안 바라보고픈
눈물이 살아 있는

사람아 사람아

나무가 서 있는 이유

더듬이 길어지면 어둠 더 아름다운 것을
아우성 소리 요란한 야간열차에 오르면서
신경계 모든 말초들이 서서히 깨어난다
양팔을 벌려 지나가는 것들에 입맞추고
긴 허리 휘며 달려오는 삶의 궤적을 바라본다
간간이 불빛 새어나오는 산 속의 작은 집 문 두드리며
고향이 어디냐고 어디로 가느냐고 묻는 질문이
눈 속 은색 별빛으로 가득 차오고
차창에 비친 희미한 초점은 이중으로
자꾸 얼굴을 씻어낸다

객석 의자를 밀치고 돌아앉았다
무릎과 무릎이 서로 맞닿고 다리가 엉키어졌다

기차는 속력을 내며 터널 속에서 길을 탐내고
어두움 속에서 서 있는 나무들이 보이기 시작한다
나무들은 순서대로 일어섰다가 한꺼번에 사라진다
나무들은 계절을 가슴으로 안고 겨울을 향해 손짓한다

나무들은 짧은 만남을 오래도록 기억하기 위하여 온몸을 떤다
나무들은 순간의 기억을 위해 심장에 글씨를 쓴다
나무들은 또 나무들은 언덕에서 막 뛰어내려 달려든다

한꺼번에 사람들이 내리고 탄다
사람들은 나무에게 이름표를 하나씩 달아놓고
기차에 오른다
밀집한 틈새로 서늘한 바람 불고
기차는 서 있는 나무를 뚫고 터널 속으로 들어가고 있다

가랑잎에 붙은 불

- 故 이태준 님에 붙여

'내가 쓰고 싶은 것은
내가 쓰고 싶은 때에
내가 쓰고 싶은 투로
쓰고 싶을 뿐'
당신의 모자가 바람에 나부낍니다

아직도 토우를 만지며
그 미소를 읽습니까

잃었던 글 찾으려
삼천리 그리메를 찾아
길 떠나는 그대

어느 한때, 핏빛으로 물든 가을 날
가랑잎에 붙은 불처럼
가슴 태우던 그 열정이 다시 일어납니다

온 산하의 풀잎은

울만큼 울었습니다

한내천에서 개울을 건너며
다시 길 재촉하는 끊어진 그 교각에
지금도 물결 찰랑입니다

당신이 정성으로 닦던 창가엔 아직
이루지 못한 애환과 슬픔들이 남아 있습니다

그대 손으로 반도의 고통을 닦아
당신의 얼굴을 보게 하십시오

철원 금학산 들녘에는
새소리로 가득합니다

故 황영인 시인의 숲

소리 없이 앉았다
날아가는 노랑나비 한 마리
그대 하늘에는
새털구름 한없이 찢어지고

무음으로 잠시 흔들리는
미동의 숲길에서

돌아보아도
다시 돌아보아도
그대의 터 위에 가득 펼쳐놓은
가슴 여린 시편들

눈자위 시리게 맑은 하늘가
날아간 자리에
숲이 흔들리고 있다

거룩한 집

가라사대 효자동 언덕 위
그 집이 아름답다

그 집 지붕 끝 바지랑대에
새가 앉아 바라보는 눈빛이 있어
더욱 아름답다

낮은 자에게 복 주시려고
땅을 일으키고 번성시키며
아이들에게 밥 퍼 주는 모습을 보았거늘

기둥을 세울 때마다
작은이에게 큰 빛이 보였고
큰 자에게는 더욱 작은 것이 귀함을
알게 함이라

담을 부수며 가슴을 열고
마음을 헐을 때마다

빛으로 가득하더라

이 터에서 가라사대 씨를 뿌리고
당신의 사람을 만들고
당신이 보시기에 심히 좋으리라는
그 한 말씀은
지금 여기 가득하노라

가라사대 거룩하라 거룩하라

이 가을의 발걸음

'주께서 밭고랑에
물을 넉넉히 대사
그 이랑을 평평하게 하시며

단비로 부드럽게 하시고
그 싹에 복을 주시나이다'

시온에서 주를 기다리오며
주님의 발걸음 소리를 듣습니다

당신의 손길 깃든 가을날
온 대지 위에
기쁨의 풀잎들이 호흡합니다

어느새 내 곁에 찾아와
문 두드리며
올해의 관을 씌우시는 주님

당신의 강에 기쁨 가득하여
꽃길 위에서
당신과 이 길을 걷고 있습니다

때론 질곡의 가시밭 길이었으나
광야의 거친 목마름이었으나

당신이 찾아와 손 내민 지금
숲은 당신을 향해 찰랑이는
잎들의 찬미소리로 아득합니다

'잘 살아라' 라는 말

좁쌀 알갱이 안에도
우주의 진실이 가득 차 있거늘
하물며 인간일까 보냐

높인다고 높아지는 것 아니고
낮춘다고 낮아지는 것 아니지
자잘하게 살라는 말이다

가장 낮은 곳에
바다가 있고
가장 높은 하늘이
비어 있지 않터냐

밤하늘 별자리가 보이지 않아도
그 크기를 의심치 아니함 같이
자잘하게 사는 일이
행복의 시작이거늘
별빛이 가슴에 가득 담겨 있거늘

다리가 물을 건너다

나는 잊고 지냈다네
두려움이 닥칠 때마다
수많은 강을 건넜음에도
내 발에 그 물빛이 남아 있음을

발바닥 허물이 벗겨질 때
비로소 보았다네
다리 위에서 발가락이 간질거리고
물 속에 내 얼굴이 어른거림을

유년의 기억들이
돌아오는 강을 따라
뱀처럼 휘어져
물을 넘는 다리를
나는,

풍수원 뾰족지붕

당신을 위해
이 집이 지어졌습니다

밭을 버리고
이웃을 버리고
때론 가족을 버렸습니다

옹기 굽던 가마터에서 벽돌을 굽고
치마로 날랐습니다

손톱에 피가 맺히면
눈물로 닦고
당신에게 가만히 다가갔겠지요.

가만히 솟은 뾰족 종탑 아치 모양은
마을의 눈이었고
그 종소리는 지금도 남아 있습니다

십자가에는 물기 촉촉하여
마을을 내려다보고

이 집은 당신이 빚으셨습니다.

| 작품해설 |

슬픔을 안으로 삭힌 희망의 詩

- 김홍주 시집 『어머니의 노래엔 도돌이표가 없다』를 읽고

민 영 | 시인

| 작품해설 |

슬픔을 안으로 삭힌 희망의 詩

- 김홍주 시집 『어머니의 노래엔 도돌이표가 없다』를 읽고

민 영 | 시인

하나

세상을 힘겹고 아프게 살아왔다고 해서 사람의 품성이 다 같은 것은 아니다. 어떤 사람은 자기에게 치명적인 상처를 입힌 자에 대한 울분과 원한으로 갈수록 마음이 굳어져서 증오의 화신같이 변하는가 하면, 또 어떤 사람은 짓밟히고 억눌린 상처가 깊긴 하나 그 아픔과 슬픔을 안으로 삭혀서 마음이 트인 너그러운 심성의 소유자가 되기도 한다. 이 시집의 저자인 김홍주가 바로 그런 사람이다.

김홍주는 1980년 5월에 서울에 있는 단국대학에서 수학을 공부하던 학생이었다. 학교를 졸업하면 미국 유학을 떠나 더욱 학문을 연찬해서 장차 젊은 학생들을 가르치는 교사가 되는 게 꿈이었다. 그러나 이 꿈은 10월 유신으로 영구 집권을 노린 박정희 대통령이 암살된 이후, 잠시 동안의 '서울의 봄'을 짓밟고 일어선 전두환 일당의 군부 쿠데타에 의해서 무참히 좌절되고 말았다. 80년 5월 9일 총학생회 부회장이었던 그가 민주화를 열망하는 대열 앞에 나섰다가 진압군의 몽둥이를 맞고 쓰러진 것이다. 이 충격으로 그는 머리가 깨지고 뼈가 부러지는 중상을 입었으며, 병원으로 실려가 중환자실에서 석 달에 걸친 가사 상태(식물인간)를 겪은 후 플라스틱으로 깨진 머리통을 봉합하는 수술을 받고 퇴원한다. 그러나 퇴원한 후에도 사고 기능, 기억력 감퇴와 시력 및 청력 감퇴로 오랫동안 병석에 누워서 고난을 겪는다.

그는 이때부터 자기가 장차 무엇을 하고 어떻게 살아야 할지를 고민했으며, 주체하기 힘든 병든 몸을 이끌고 고향으로 돌아갔다. 그가 1999년에 상재한 첫시집 『시인의 바늘』은 그 더디고 힘든 회복기에 쓴 문학적인 기록이다. 그 속에서 한 편을 읽어보기로 하자.

> 새벽 이슬 젖어드는 산수유 숲에서 오랫동안 잊어온 시간을 찾는다. 드문드문 길게 누워 아침을 기다리는 설해목, 그 생명은 깨진 채 나를 붙잡고 어떻게

살아 있느냐고 마른 가지 흔든다. 오랜만이다 부지런
한 햇살 한줌 없는 이 숲은 혼미의 기억 속에서도 나
를 깨우는 새벽잠이다. 여기에도 낯선 이들이 뿌리를
내렸었나 보다. 숲속은 가지마다 거울이 걸려 있고
내 얼굴은 깨진 유리 파편마다 식물인간이 되어 흔들
리는

-「다시 산수유 숲에서」 부분

이 참담한 망각의 세월을 지나 다시 목숨을 부지하고 세상에 나왔지만 그의 앞길은 어둡기만 했다. 집에서든 밖에서든 그는 쫓기고 감시당하는 삶을 이어가야 했고,

가까스로 취직한 학교에서도 '너는 빨갱이지?' 하는 곱지 않은 시선을 느껴야만 했다. 또한 그는 망가진 두개골 때문에 기억력이 저하되어 자기가 과연 교단에 서서 학생들을 가르칠 수 있을까 하는 고뇌에 사로잡혔다. 그래서 그는 의기소침하고 자신에게 무슨일이 있어도 극복할 수 있다는 최면(자기암시)을 걸기도 했으며, 이때부터 수학 선생인 그가 문학서적을 읽으면서 시인의 길로 들어섰다.

백목련 떨어지는 날 아침
산 넘어 오는 이 있다
강 건너 가는 이 있다

바람에 억새 흰 갈기 세우며

머리 풀어 들녘 덮쳐도
은빛으로 부서지는 숲 뚫고
슬프도록 아름다운 숲 지나
길 내는 이 있다

한꺼번에 쓰러졌다가
힘차게 솟아오르고
다시 하늘 우러르는
저토록 거대한 혼의 울림

백목련의 잔해 위를
떨림의 가슴으로 더듬으며
가지마다 돋아나는 부활을 향하여
오랫동안 바라보는 이 있다.

-「내일을 위하여」 부분

온 들판에 '백목련 떨어지는 아침' 에 그는 '한꺼번에 쓰러졌다가/ 힘차게 솟아오르고/ 다시 하늘 우러르는/ 거대한 혼의 울림' 에 귀기울이며 머지않아 다가올 부활의 날을 기다리는 것이다.

둘

이 모질고 어두운 생의 터널을 온몸으로 맞서며 지나왔을 때 비로소 그의 눈 앞에 다가선 것이 그 동안 잊고 살아왔던 육친에 대한 사랑이었다. 그가 폭압의 힘에 갇히고 또 병든 자기 안에 갇혀서 지내는 동안에 보살펴주고 인내의 세월을 가슴 조이며 살아야만 했던 어머니. 어머니는 그가 갇혀서 누워 있을 때 아들을 면회하지도 못하고 문 밖에서 밤을 새우며 기다린 분이다. 세상의 어느 어머니가 그런 심정이 아니었을까만은 치명상에 가까운 상처를 입고 병상에 누운 아들을 지켜본 어머니는 신보다도 거룩한 존재가 아니었을까? 그런 어머니를 회복 후에 노래한 또 한편의 시를 읽어본다.

도시 그림자에 묻혀
한 점으로
문 앞에 서 있었지

아들이 돌아와 문 열어주길 기다리며
그 앞에 오랫동안
숨죽이며 있었지

별빛도 지친 듯
무너진 절망을 하나씩 걸어놓고
떠밀려 떠밀려 온 외길

아직도
막다른 집 앞
밤새 문고리를 바라보며
그리움 삭히고 서 있겠지.

-「그대의 그림자」 전문

몸이 성하지 않은 아들이 나가서 돌아오지 않으면 어머니는 마음이 불안하다. 시력이 나빠져서 밤눈이 어두운 아들이 오다가 넘어지지나 않았을까, 발을 헛딛거나 감시하는 자의 호각소리에 쫓겨 어느 구석에서 떨고 있지나 않을까, 어머니는 아들이 집으로 돌아와 문을 열 때까지 숨을 죽일 수밖에 없다. 어쩌다가 아들이 늦어져서 귀가하지 않을 때는 밤새도록 문고리를 바라보며 그리움을 삭히고 서 있을 어머니. 그런 어머니가 자식을 잃을지도 모른다는 두려움과 홧병으로 수족이 떨리는 몹쓸 병(파킨슨씨병)에 걸렸을 때 아들의 마음은 캄캄한 나락으로 떨어지듯 고통스러웠으리라.

목을 묶은 줄 댕기며
빙빙 원을 그렸다가 지우고
그렸다가 그 안에서 함몰하는
염소의 일상

그대는 천장을 바라보며
자지러질 듯 울부짖는 염소가
보인다고 했다.

-「그대 쓰러지는 한낮」 부분

이젠 상황이 바뀌었다. 아직도 몸이 건강한 편은 아니지만 아들은 병상에 누운 어머니를 위해서 어머니의 항문에 손가락을 넣어 칠십년 동안 배설하지 못한 회한의 덩어리들을 끄집어내지 않을 수 없게 되었고, 또 이것은 80년 이후 '오랫동안 배설하지 못한/ 오월의 복통' (이상 「그대의 항문」에서)이기도 하다. 그러나 이제 시인의 어머니에 대한 이야기는 그만 하기로 하자. 어머니 못지않게 시인의 아버지도 같은 병에 걸려서 신음하다 세상을 떠났으니까.

그런데 김홍주시인에겐 어머니의 삶에 대해서 쓴 시는 많아도 아버지의 생에 관한 노래는 많지 않다. 겨우 첫시집 『시인의 바늘』에 수록된 3편의 시(「아버지의 하숙방」, 「아버지의 귀향」, 「ㄹ 字, 아버지의 집」)로 아버지의 모습을 추측할 수밖에 없는데, 아들이 어렸을 때 집을 떠났다가 오랜 후에 돌아온 아버지는 어찌된 일인지 영락한 파산자의 모습을 띄고 있었다. 집으로 돌아와서도 당신이 할 일이라곤 아무것도 없는 늙고 병든 아버지는 모든 것을 아들에게 맡기고 고향으로 돌아가며, 가난한 집안 살림을 떠안게 된 어머니와 아들은 눈물보다 원망이 앞섰는지도 모른다. 그럼에도 시인은 산촌의 외딴집에서 홀로 숨을 거둔 아버지의 유품을 정리하다가 어쩔 수 없는 육친의 정 때문에 눈물을 흘리며 흐느낀다.

그리움 치밀어오르면
파도 울음에 파묻혀
끝까지 울다가
마음에 커다란 섬 하나를 그린다

아버지의 유품을 정리하다
입던 옷에 풀 입혀 놓고
울음이 그리움으로
그리움이 원망과 흐느낌으로
방 안 가득 맴도는 오후

이지러지는 햇살에
선기침 소리가
파도 소리에 감기고 있다

저승길은 오늘밤에도
문풍지 자락 장단에 나풀거리고
신던 버선을 못박아 둔들
이어도에 갈 수 있을까

-「이어도가 보인다」 부분

아버지에 대한 그리움이 원망과 흐느낌으로 바뀌고 선기침 소리가 파도 소리에 휘감겨 들려오는 이 밤, 시인은 문득 아버지의 본향이 파도가 치면 물 밑으로 가라앉았다 파도가 잔잔해지면 물 위로 떠오르는 전설의 섬 이어도가 아닐까 하는 생각을 한다. 그 절해 고도의 흙집으로 돌아가기 위해서 '신던 버선을 벽에 못박아 둔' 아버지. 그 어쩔 수 없는 표랑자의 모습이 연작이 「흙집」 5편 속에 간간이 묘사되어 있다.

지붕 위 조롱박 달려있는 흙집에는
늘 창문에 그림자 비치고 있지
희미한 방 안에 외로운 빛 켜켜이 쌓여
누군가 문 열어주기를 기다리듯
들국 한 송이 가슴에 담고 있지.

겨울바람에 문풍지 흔들리고
산중 벌판 그리운 숨결 골짜기 배회할 때
아들 닮은 기침 소리에 놀라
화들짝 부서지는 심장 소리.

찬바람은 폐부로 스며들어
한으로 쌓여가고
흙집 벽에 남아있는 투박한 손금 사이로
시간은 캄캄한 선 하나
또 그리고 있지.

-「흙집 · 3」 전문

셋

위에서부터 아래로 내려오는 시의 서열 맨끝에 시인의 아내와 세 쌍둥이 딸에 관한 이야기가 있다. 시인의 아내 김경민은 대학에서 식품영양학을 공부한 재원으로 동갑내기다. 그러나 이 부부는 결혼 후에도 오랫동안 아기가 태어나지 않아 고민했으며, 마침내 현대의학의 힘을 빌어 성은.성민.성현 세 쌍둥이 딸을 낳는데 성공한다. 「다시, 딸에게」란 시에서 시인은 '체중 1.4킬로그램의 갓난아이가 40킬로그램이 되는 동안 이 나라의 민주주의도 많이 자랐다' 고 노래했지만, 미숙아로 태어났기 때문에 갓 낳았을 때 아내의 마음을 무던히 태운 딸들도 이제는 초등학교 6학년이 되었다. 이 딸들에게 주는 시에서 시인은 뭔가 알 듯도 하고 모를 것도 같은 얘기를 하고 있는데, 어쩌면 그 속에 딸들이 현대의학의 힘을 빌어 낳을 수밖에 없었던 내력이 들어 있는지도 모른다.

난 모르는 일이야
난 모르는 일이야

회한의 팔십년 오월
검은 흑기사 복장을 하고
머리부터 발끝까지 그렇게 죽어라 때리던
그 사람들
내 두개골을 부수고 고문하던 그 사람도
지금 아이를 키울까?

-「다시, 딸에게」 부분

이제 '복숭아 꽃잎에 눈 마주칠 수없어 고객 숙이는' 딸아이, '벽에 기대어 눈물을 훔치다가 들녘 수수밭 사이로 내달음치는' (이상 「초경」에서) 조숙한 딸들 앞에서 더 이상 과거의 어두운 이야기는 하지 말자. 우리가 살아온 역사는 암흑에 휩싸인 질곡의 터널이었으나, 이제는 모두 그 어둠을 빠져나와 광명으로 치닫고 있지 않은가!

그것보다는 아이들의 장래를 염려하며 울고 있는 아내의 등 뒤에서 아비의 심정을 노래하고 있는 시 한 편을 읽어보기로 하자.

장맛비가 밤새 쏟아지는 밤
양은 대야에 물이 차오르고
천정 위에서 슬픔이 떨어진다

잠결에 세 딸년은 소망의 별을 그린다
별마다 수많은 이야기가
오가는 비 오는 밤

딸아이가 별에게 묻는 소리 들린다

비 오는 밤에는
아비 가슴에 별 가득하다

-「아비 심정」 전문

이제 시인은 역사의 바다에서 항해를 마치고 항구로 돌아와 닻을 내렸다. 거센 파도를 헤치고 오는 동안에 배는 부서지고 상처를 입었으나 다행히도 침몰하지는 않았다. 그러나 진정한 선원이라면 육지에서의 안락에 길들지 말아야 한다. 상처가 아물고 건강이 회복되면 또 다시 돛을 올리고 미지의 바다로 떠나야 한다. 과거의 악몽에 집착하지 말아야 하며 아픔을 반추하는 일도 삼가야 한다. 그것이 뱃사람의 긍지이자 시인의 운명이다. 배가 다시 항구를 떠나면 육지에서 손 흔드는 사람은 항해자의 앞날을 지켜볼 것이다. 부디 모험을 두려워하지 않는 자가 되거라. 행운을 빈다.

민성숙_ 강원대 음악교육과, 교원대학교 대학원 음악교육과 졸. 미국 워싱턴신학대학교 교회음악 박사. 명지대 출강. 춘천성시화합창단 지휘자.

인지
생략

들꽃시선 86

어머니의 노래엔 도돌이표가 없다

2007년 4월 15일 초판인쇄
2007년 4월 20일 초판펴냄

지은이/김홍주

펴낸이/문창길

펴낸곳/도서출판 들꽃
주 소/100-273 서울 중구 필동3가 28-1 서울캐피탈빌딩 B202호
전 화/02)2267-6833, 2273-1506
팩 스/02)2268-7067
출판등록/제5-313호(1992. 5. 15)
E-mail:dlkot108@hanmail.net

값/6,000원

* 파본된 책은 바꾸어 드립니다.

ISBN 978-89-89607-47-7 04810
ISBN 89-951327-0-1(세트)